Lennart Lomander

Dikter från Momossen

©Lennart Lomander 2020

Illustration: Kajsa Lomander
Korrekturläsning: Andrea Lomander Cedergren
Ytterligare medverkande: Måns Cedergren

Förlag: BoD – Books on Demand, Stockholm, Sverige
Tryck: BoD – Books on Demand, Norderstedt, Tyskland
ISBN: 978-91-7851-956-9

BERGEN TALAR

När de höga ljuden tystnat
Hörs endast ett lågmält brus
Det är inte bäcken som porlar
Eller skogens sus

Det är bergen som till dig talar
Om du förstår detta språk
Ekon ur stängda salar
Från okända grottor och stråk

Vi berättar om gångna tider
Hur vi skapades en dag
Kanske av olika gudar
Men vi blev till i samma hav

Vi såg er alla födas
Vid stranden där vi står
När ni är kvar några sekunder
Så var vi miljoner år

Ni växte upp och blev stora
Större, och tog gestalt
Struntade i att studera
För ni tyckte att ni visste allt

Vi gav er vad ni behövde
Värme kläder och mat
Ni trodde allt var från honom
Er enfödde lille krabat

Och vi ville ju lära er språket
Men ni lyssnade aldrig till oss
Istället började ni bråka
Döda varandra och slåss

Ni har plundrat, skövlat, och mördat
På tusen bestialiska sätt
För ni saknade några tolkar
Som kunde översätta rätt

Ty era translatorer
De gav er de uslaste råd
Och mottog rejäla dusörer
För att utverka evig nåd

Att det för er har gått galet
Det tycker vi är så trist
Så om ni inte helt ska gå under
Måste ni tala med oss till sist

Börja nu därför studera
Så vi kan pratas vid en kväll
För det vi har att säga är viktigt
Det gäller faktiskt ditt liv
Då vi vet din tillvaros gränser
I ett längre perspektiv
Och om du lyssnar en natt får du höra
Hur bruset blir till ett dån
Det är då som vi säger att
Du har oss blott som ett lån

För som vi föddes ur havet
I ett tropiskt land
Skall vi en gång åter
Bli till grus och sand

Så medan vi ännu finns kvar
Lyssna till oss ibland
Men vi vill inte alls vara påträngande
Bara ge dig en hjälpande hand

INGENTING ÄR FÖR EVIGT

Alltid någon gång kan det hända
Mellan kvinna och man
Att känslor plötsligt blir tända
Som ingen behärska kan

Och sedan är allting förändrat
Inget är längre som förr
Det som var tveksamt blir självklart
När ödet står tyst vid din dörr

När vi mötte varandra det hände
Det vi trodde ej kunde ske
Ögon och läppar som kände
Som ville ta men också ge

Och vi sade, gjorde, och tänkte
Tanke och handling blev ett
Språket åt kärleken skänkte
Det vi aldrig upplevt och sett

Vi talade, älskade, lekte
Med varandra vi ville förbli
Munnen och händerna smekte
Och livet blev stor poesi

När varandra vi gåvo det bästa
Som människor till människor har gett
Och fick än mer igen av det mesta
När frihet och kärlek blev ett

Vi kände då att vi funnit
Något som sällan man fann

Och vi gav då blott varandra ett enda löfte
Att alltid respektera varann

Så när vi så kommo till slutet
Blev allt bara stilla och lugnt
Löftet vi hade ej brutit
Att skiljas blev inte så tungt

Och den dag vi sedan tog avsked
När livet hann oss i kapp
Vi hade blott en enda önskan
Vi verkligen hoppades att

Det som vi gåvo varandra
Skulle alla förunnas att få
Som allena och ensamma vandra
Och som kärlekens språk ej förstå

De skulle då upptäcka livet
Och älska i stället för slå
Och inte ta något för givet
Utan tala, se, och förstå.

A SOUTHERN WIND

A southern wind, a wind from south
blowing across oceans
brings water from a sea to land
from a distant creek to desert sand

A southern wind is a letter
tells trees to grow and rocks to stand
A southern wind is a message sent
from thousands of islands to a continent

A southern wind is soil and dust
hunger and fear, joy and lust
A southern wind is a poem in air
comforts the sad, abolishes despair

A southern wind can be warm and mild
heavy and violent, cold and wild
A southern wind is a wire in the sky
time to surrender, time to die

So therefore, listen to the wind
A southern wind beyond the sea
it brings a message for you and me

EN FRANCAIS

Toujours Toujours Toujours
Amour Amour Amour
Boire Boire Boire
Gloire Gloire Gloire

IN MEMORIAM

Här vilar en adjunkt
Hans liv blev hårt och tungt
Han med alla verben slet
Eleverna i honom sket

ORDPRATA

Låt mig först säga Hr Redaktör, att den fråga ni ställer är
mycket relevant,
och att ni påpekar tänkbara sammanhang men att jag kan
tänka mig att orsaken till att vi ännu inte åtgärdat problemen
är att vi faktiskt inte sett sammanhangen,
vilket ju kan tänkas höra samman med att faktiskt mig
veterligen ingen observerat det som redaktören här postulerat,
vilket ju i sin tur skulle ju kunna hänföras till det välbekanta
faktum att en åtgärd ju förutsätter adekvata iakttagelser som
då någon bör ha noterat och inrapporterat
till vederbörlig myndighet för registrering, bedömning, och
adekvat utvärdering, vilket ju i det här fallet inte har skett.
Något som i det här fallet främst får anses bero på att ingen
lagt märke till det verkliga förhållandet.

Innan du öppnar käften och orden ur dig skvalar
Tänk på ett gammalt ordspråk;
Du är det som du talar

14

TILL SIST

Till sist är dagen över
Bara en enda kvar
När de andra lämnar scenen
Så stannar du ensam kvar

Någon kommer då sakta
Som nattdimman över en äng
Vandrar omkring i rummet
Sitter en stund vid din säng

Då börjar tystnaden tala
Ty timmen är liden och sen
Till sist spelar näcken på luta
Och tonen är himmelskt ren

Och du drömmer om älvor som dansar
De viskar till dig och ler
Till sist ska du bara sova
Och sedan ingenting mer

LITEN GÅVA

Vi hade aldrig sett dig förr
När du bara kom för att höra
Om vi möjligen behövde hjälp
Fanns det något som du kunde göra

För du hade hört sägas
att människor svalt och led
hungrade frös och for illa
saknade vatten, mat och ved

Vi sade inte välkommen stig in
tyckte bara att du borde förstå
Att du var alldeles för gammal
och dina meriter mycket för små

Du sade att du krävde ingen lön
Jobbade gratis och ville bara väl
och tänkte nästan aldrig på pengar
Men ställde upp av ideella skäl

Vi skrattade bara åt dig
Men hoppades att du en dag
skulle begripa att gratis
var rakt ingenting för vårt lag

Och när du ville ge oss dina pengar
En gåva så välment men liten
Så bad vi dig bara att gå
Änkans skärv var ej för eliten

16

Då äntligen verkade du förstå
Att här hade du inget att göra
För innan du gick så lovade du
Att aldrig mera komma hit och störa

PENSIONÄR
Pensionär
Med eget boende
Och hörapparat
Lyssna nu
Hör vad vi kräver

Pensionär
Vi vill att du applåderar och tackar
För gratis inkontinensråd
Och bruksanvisning till blöjor
Som dras från din pension
Varje månad

Pensionär
Vi vill att du ska vara
Halvsenil och smålarvig
Lagom i allt
Glad
Och sjunga de sånger vi spelar
Och aldrig glömma att du är gammal

Pensionär
Från sextio och uppåt
Ta emot våra gåvor
Bete dig i enlighet
Rubba inte våra cirklar
Och kräv aldrig
Det vi inte kan ge dig

VÄL

Han var väluppfostrad och lärd
Vältrimmad och närd
Han var allting
Så väl om ni vill
Och frågade alltid
Om han fick en kaka till

ABSENT VÄNNER

Jag tänker ofta på kvällen
ibland hela natten lång
Jag tänker på gamla vänner
och på de som jag kände en gång

Jag tänker på henne som visste
att språket var mer än ord
Hon var alltid så snäll och vänlig
och bjöd mig ibland till sitt bord

Vi delade böcker och tankar
och upptäckte allt vi såg
Vi tog samma väg till stationen
Men reste med var sitt tåg

Jag tänker på honom med frågor
Om varför, varthän, och var
Och på honom som alltid förlorade
men jämt hade mera kvar

Jag tänker på onda och kloka
på många som hade det bra
Som mycket och gärna tog för sig
Av det som de andra skulle ha

Jag tänker på de med höga ideal
de aningslösa som tog för givet
De blev lurade i tiotals år
och några blev lurade på livet

Jag tänker på allesammans
för min inre syn jag dem ser
Och jag vet att jag aldrig, aldrig
kommer att träffa dem mer

Så jag får nöja mig med att minnas
och tänka natten lång
Och i sömnen träffa de vännerna
och de som jag kände en gång

DET FINNS

Det finns fina och många
och det finns ändå fler

Det finns friska och starka
och de som inget ser

Det finns stumma och tysta
och de som alltid ber

Det finns de som skrattar
och de som alltid ler

Det finns så många
som bara finns och finns

Det är de allra flesta
som aldrig någon minns

PINSAMT MÖTE

Somliga sjunger mycket
Några ger bara hals
En del sjunger hela stycket
andra sjunger inte alls

De sitter där tysta och stumma
för de saknar toner och ord
Och blir ofta kallade dumma
när de inte kan ta ett ackord

Deras framtid är redan passerad
De har aldrig haft framgång och tur
Någon har blivit refuserad
En annan sänd i retur

De blev noga sorterade och mätta
Men befunna väga för lätt
Deras talanger var inte de rätta
de var skapade på felaktigt sätt

För dem har lite fått duga
Fast de gärna ville ha mer
Men de är skickliga på att ljuga
både för sig själva och för er

Ty den sanning som de gömmer
är gnistrande iskall och vit
Och de bär den alltid med sig
inkapslad i granit

För de vet att de blivit över
Och ej gjort karriär
Men ändå en tid framöver
Så måste de stanna här

Så ni som lyckats i livet
Om ni möter den ynkligas sort
Gör inte mötet pinsamt
Utan vänd er taktfullt bort

ALMA MATER

De bodde i slott och i koja
några vid hav och strand
Men också på andra platser
I hela Sveriges land

De ville söka sig kunskap
Och tillhöra dem som vet
Så de reste till Alma Mater
Vid akademi och universitet

Där skulle de bo och leva
Hos Mater de ville förbli
Tänka, skriva, och forma
Vetenskaplig universell teori

I trädet skulle de klättra
På toppen de skulle stå bi
Med utsikt över världar
Från lärdomens dendrologi

På väggarna läste de ofta
texter i lysande skrift
Tolkade mycket och gärna
En förstklassig forskningsbedrift

Och de studerade böcker så lärda
Att ingen dess make sett
Men tillägnade sig också
Bildning, kultur och vett

Men när de så en kväll
Över de dödas förmultnade ben
Äntligen trodde sig funnit
Den vises förklarande sten

Så var allting redan färdigt
Och de lämnade Alma för gott
För att ensamma resa tillbaka
Till var sin koja och slott

BELEVAD GÄST

De var vanliga och medelålders
Han överdrivet diskret
Hon som var något yngre
krävde respekt för sin integritet

De inviterade varandra
att komma en kväll på visit
Han överräckte blommor i tamburen
och hon sade välkomna hit

De rörde sig i samma cirklar
men visste var gränserna gick
Så han tänkte inte stanna länge
eller ens fråga om han fick

Hon berättade om sina intressen
om konst och litteratur och så
Han var artigt intresserad
och låtsades bara förstå

De umgicks och konverserade
och lyssnade till klassisk musik
Diskuterade många olika ämnen
men undvek sorgfälligt politik

För han hörde ju när hon talade
hur långt hon var villig att gå
Så han valde noga bland orden
för att inte tränga sig på

Och när hon senare mot kvällen
blev personlig av olika skäl

Avslutade han hastigt besöket
kysste på handen och tog farväl

Ty han var den belevade gästen
som visste att tacka och gå
Som aldrig stannade länge
och som inte trängde sig på

I GUDARNAS BONING

I Midgård på jorden i asarnas boning
rådde ej alltid frid och försoning
Teologerna stred om den rätta tron
Tveksamt det där med fri konfession.

Hårda dogmer och sträng exegetik
tydliga brister i religionspolitik
Och nyare forskning visar idag
Att livet i Valhall hade mänskliga drag

Först Freja den lilla runda och stinna;
av asarna dyrkad som kärleksprästinna
Vetenskapen har visat; ej sakrosankt
bara en vanlig skenhelig tant

Och självaste Oden lär ha vrålat; käring tig!
när en valkyria bildade kvinnors leage
Kritik har riktats mot hans vandel
Bevisligen suttit inne för hustrumisshandel

Åskguden Tor, så atletisk och stark;
Jobb som snickare på Valhalls Folkets Park
Slängde tomma ölburkar både här och där;
Fick sparken och gjorde då politisk karriär

Guden Brage var ingen större stjärna;
hade själ som var mycket för stor för hans hjärna
En ångestpoet och pekoralist
Forskarnas omdöme; en nykter alkoholist

Om Balder forskarna olika saker vet
ärlig bonde eller falsk profet
Lär tidvis varit vacklande och klen i tron

Avbön och avlat gav absolution

Den gamla Mimer så vis och kompetent;
ristade i sten och satte runor på pränt
En lärd och bildad humanist
Hade ingen framtid; begick självmord till sist

Nu är asarna döda för länge sen borta
mot Ansgars idéer kom de alla till korta
Oden blev pastor och prior i kaniken
Tor bytte sida till kyrkopolitiken

De övriga; många i anden rätt skrala
nådde höga poster; de flesta klerikala
Och sedan så rådde det frid och försoning
I det rike som kallas för gudarnas boning

KODAT BUDSKAP

Till en printer på jorden
kom det signal från satellit
Ett kodat budskap från rymden
som letat sig ända hit

Forskarna trodde allmänt
ett ganska trivialt problem
Som lätt kunde analyseras
i ett vanligt digitalt system

Så man bad datorer att tolka
och det första svaret kom strax
Budskapet var en telegramtext
från en mycket avlägsen galax

Den andra datorn var större
och således bättre profet
Sade oöversättbart budskap
men avsänt från nära planet

Den tredje datorn, den största
från NASA var lånad hit
Nu skulle tvisten slitas
I många miljoner megabit

Ståtlig och grann att skåda,
Programmerad, bildad, och fin
Hade alla sina filer med sig;
hon var världens största maskin

Och började genast att jobba
med auktoriteten hos en som vet

Sade; varken från fjärran galaxer
eller nästgårds lilla planet

Sedan tog hon en paus
men bara en liten stund
Innan hon fortsatte snurra
i miljarder moment per sekund

Ty datorn ifrån Staterna
hon var ett riktigt ess
Slog alla andra överlägset
i Floating Operation Process

Men hur hon än jobbade,
knogade och slet
På amplitud och kadenser
gick den stora datorn bet

Fast hon låg i hela veckan
dagligen mellan åtta och fem
På aftonen den sjätte dagen
gav hon upp och tog flyget hem

Men innan hon gick in i gaten
hon tackade för sig och sade att
Det där budskapet ifrån rymden
blir nog aldrig översatt

QUO VADIS eller SÅNG TILL FRIHETEN

Quo Vadis det betyder vart reser vi nu säg
Blir vi borta länge eller vart går så vår väg
Det frågade sig Cesar med sin legion
När han i Gallien en gång gick över Rubicon

Och sedan uti London, Rio och New York
Man ställer samma fråga nu på alla världens språk
Man säger Quo Vadis, och where do you go
Man säger dove oe och où allez-vous

Så därför jag dig frågar om vadan och varthän
Ses vi inte mera eller kommer du igen
Fast vad som nu än händer jag önskar dig allt väl
Men gör mig ändå glädjen att berätta dina skäl

Jag reser nu och lämnar allt som är och var
Så frågan som du ställer den är i sig själv ett svar
Jag reser för att söka mig den frihet jag vill ha
Ja långt bort till ett annat land där jag kan få det bra

Ja, jag hör ju vad du säger och om jag förstår dig rätt
Så har du fattat friheten på ditt eget sätt
Men nu så ska du veta att jag inte stannar här
Jag säger nu som Caesar sa till Romersk legionär

Han sade Quo Vadis, och vad svarar du mig då?
Skall vi slå läger här eller över floden gå?
För tärningen är kastad och kastas aldrig mer
Och svara på min fråga nu den ordern jag dig ger

Och soldaten han svarade sin kejsare då
Nu kan vi inte vända, vi måste framåt gå

Vår uppgift är att söka ett nytt och bättre land
Vi måste därför över nu till flodens andra strand

Och Caesar och soldaten gick sedan över bron
Marscherade i täten för en romersk legion
Och allting blev dem, givet de vågade och vann
De sökte och de stredo, de segrade och fann

Så frågan Quo Vadis den har ett enda svar
Och det kan sägas enkelt att aldrig stanna kvar
För om du någon gång i livet vid Rubicon ska stå
Så kasta dina tärningar och handsken lika så

Men om du ändå tvekar att över floden gå
Så minns vad soldaten sade att det kan tolkas så
Som att frihet är att våga och överkorsa bron
Och vandra uti Galiléen med romersk legion

NÅGOT

Vi ville fråga er om något
om ett enda litet ting
Men vi svarade oss bara
Att något var ingenting

Då ville vi tala om något
fem minuter nu och här
Men ni ansåg tanken orimlig
vi saknade ju vokabulär

Då krävde vi sekunder om något
Ja den kortaste tid man vet
Men återigen blev det avslag
Sekunder var evighet

Då började vi leta efter något
Det var vinter och isande kallt
Men vi fortsatte ändå att leta
Och fann att något nästan var allt

Sedan slutade vi att fråga
Och kräva i stort och smått
Och allting blev mycket bättre
Det borde vi från början förstått

TÄRANDE KRAV

Ni öppnade era käftar
och fyllde luften
med hekatomber av dåliga ord

ge oss, ge oss sade ni

Och vi gav er
betjänade och serverade
de bästa menyer
och bad er att frossa
I överflöd

ge oss mer, ge oss mer, ge oss mer lät ni

Och vi gav er mer
avstod för er skull
för ni var ju framtiden
Och skulle ge oss en dag

ge oss ännu mer, ge oss ännu mer, ge oss ännu mer vrålade ni

Och vi gav er ännu mer
lät er ta som schakaler
äta som krokodiler
snylta och tära, digerera och kräva
Men när ni krävde att få allt
struntade vi i er
och lät er gå under

VAR ÄR NI

Var är ni, ni som visste
ni som kunde och tog parti
Och alla ni som lärde
om diktatur och demokrati

Var är ni, ni med era teser
ni som kände varje lag
Och ni som straffade Madrid
men glömde Budapest och Prag

Var finns ni nu, ni goda och ädla
alla ni teckentydare och drabanter
Stå upp och visa er igen
Men som botgörare och flagellanter

Så lämna era gömslen
Alla ni som andra fördrevo
Men ta med er era principer
Lämna inte en enda i Sarajevo

Och skynda er nu det är bråttom
Kom alla augurer och seloter
Vi vill se samtidigt tillsammans
med förtryckarnas nyttiga idioter

Var välkomna att stiga fram i ljuset
och lyssna till frihetens sång
Som vi hoppas få sjunga för er
och skratta ut en sista gång

UNDERKLASSEN TALAR

Adel, präster, borgare och bönder, du vet de fyra stånden så
famösa
Adeln den var adlig och präster var religiösa
Borgare bodde i borgar och bönder odlade jorden;
Fyllde våra bukar och dukade smörgåsborden

Men tiden står ej still, seklerna går fort
Nu har vi partier av lite annan sort
Adeln är fortfarande adlig men tillhör ej de famösa
Präster är klerikala med knappast religiösa
Fast de dumdryga och högvälborna har sina later
Några är förmögna och kallas moderater
Andra tycker ej att de just har några brister
Bildar liberalt parti och kallas folkpartister
Några tycker tillvaron är trist;
Gör revolution och blir sosse och kommunist
Även bönderna bildar sitt parti
Tror att allting vid det gamla skall förbli
Till sist kommer de troende som är rädda för att dö
Bildar sina partier KDS och miljö

Men några blir över, passa inte in på skalan
Jag beskriver dem för dig ty jag för underklassens talan

Först tar vi dig, du gamla riksdagsman som jobbat på ditt sätt
Skrivit, talat, motionerat, voterat och fastän du gjort allt rätt
Så har du aldrig ens kommit i närheten av en taburett
Efter sista valet trodde någon att han vissa rykten om din
upphöjelse hört
Men när ministerlistan kom, ja för dig så var det kört
Du ska veta stackars man att vi dig många tankar sänt
Så kom till oss i underklassen: Bli vår president

Och du gamle byråkrat som jobbat så du hedrat hela släkten
Men ändå av en liten fetlagd uppkomling blev lurad på
konfekten
Ja, efter tjugo års tjänst fick du inte ens ett tack
Bara en spark i arslet som ett annat djävla pack
Kom till oss i underklassen och ditt självförtroende stärk
Du skall få bli GD i vårt eget verk

Och du som sköna dofter från lärda stolar känt
Men alltid blivit klassad som mindre kompetent
Du inser nu att du aldrig kommer att bli något stort
I dina mörka stunder tror du inte ens själv på det bästa du gjort
Kom nu genast till oss ty vi tror att du är mycket klok
Studera underklassen noga och skriv om oss en bok

Och du stackars man som gjort en vetenskaplig skräll
Men fastän du förtjänt det ej fått något prix Nobel
Ja du minns kanske att du inte ens blev inbjuden till den fina
festen
Fast det finns ju en liten chans förstås, fast den är liten, att
det inte var så illa menat
Men när de skålade i champagne satt du hemma och fyllnade
till i renat
Och din hustru har ännu inte kommit över chocken
Att du aspackad mitt i natten satt och snackade med rocken
Vi hoppas att dina krafter skall stå dig bi
Du blir ständigt preses i vår akademi

Och vi får inte glömma dig du ömkansvärde övergivne make
Som förlorat hustru, hus, och hem till framgångsrik kille och
ingen
liten krake
De existentiella frågorna i skallen på dig dunkar
när du sömnlös om natten i staden lunkar
Och du kommer aldrig att förstå

Varför du jämt ska drömma om vad rivalen får göra när du
tittar på
Om du din själsliga balans vill återvinna
Så måste du genast kontakta en underklassens kvinna
Hennes behandling av dig ska göra susen
Hon är snäll och vänlig och god och glad till tusen

Hos oss i underklassen får ni alla en chans
Tillsammans skall vi utkräva hämnd och revansch
De besuttna skall darra när vi taktfast framåt tåga
Förstummade och häpna, vi ska måtten deras råga
Vi ska pressa våra riksdagsmän att instifta en lag
Den förste i sjunde; Underklassens Dag
Och ett annat behov som vi länge känt
Egen minister på ett Underklassdepartement
Ja makten ska vi i grunden skaka
Regeringen måste våra särintressen bejaka

Och skulle dom neka oss att tillgodose
Så ska dom få känna på hur vi oss kan bete
Då vi nästa gång till vallokalen far
En penna i en snörstump om halsen vi tar
Och då ska vi deras politrukplaner spräcka
Ett streck med pennan över namnet kan räcka
Det betyder att vi vill ha en annan boss
När den siste på valsedeln blir den förste hos oss
Och då ska de om nosen bli bleka som lik
När de förstått effekten av vår pennstumpsmetodik
Och sen ska vi på nytt tända vår låga
Vi ska klia dom som löss och bli en riktig plåga
Och skulle du känna dig yr och få svindel
När du tänker på vår helt lagliga svindel
Så håll dig bara mätt och fin
Kotlett är en välsmakande del av ett svin

Men först har vi visat gott gry, seghet, och tåga
För så baksluga, listiga, infernaliska, och låga
Klarar vi bara i underklassen; den lägre och den låga

THE MISSING LINK

I was an usual mummy, lying in an usual exhibition case
in an usual museum
One day, science wanted to give me a thorough examination,
So therefore, I was taken out of my case and sent to a
laboratory
And from that moment, I was no longer a mummy, but an
object for research

The anthropologist could not take me out at all
for him I was much too tall
But the anatomist entertained a secret hope
To examine me under a microscope
And he concluded that what he was seeing
Once had been a common human being

However, this idea was violently challenged by a chemist who
took a piece of me and handed it over to his assistant
A young engineer from Dover, who that very morning
happened to suffer from a severe hangover,
so when he administered a sample of me into his computerized
analyzer, at the same time he happened to drop a slice of
sausage from his breakfast sandwich into the machine

The analyzer revealed: Flesh mixed with meat from oxen and
hog and certain quantities of badger and dog
and small, but not negotiable amounts of lizard and frog

The result was explicitly given in the display
And the chemist gathered his colleagues around the screen
and said: Gentlemen, this is our day. Now I think that we have
clear evidence that we have found the missing link

And from now on, I was not only an object for research, but a scientific sensation, so I was placed in a safety case behind bars and watched day and night by armed guards with dogs while a new tomb was constructed.
And his Majesty the King, solemnly said my toast when he declared open the Missing Link Chamber at the Museum of Evolution
So, in his lecture of inauguration, he praised the genius and the taste and anticipated the future with the following words:
This is an intellectual victory and today we are proud to say that there are no limits to what we can achieve, thanks to the drunken engineer from Dover especially if he suffers from a severe hangover.

BEKÄNNELSE

Tänk, jag tycket att det är så toppen
Att med anabola steroider kunna bygga upp kroppen
För eftersom jag inte är något större stjärna
Så bryr jag mig inte ens om att göra ett försök att veckla ut min hjärna
Och böcker är ju dessutom så väldigt dyra
Så jag håller mig nog till TV 4
Fast förresten så gillar jag inget flum
Jag trivs med att vara stor, stark, och dum

TÄNKVÄRT

Om du inte tar för dig
Så tar nog någon annan för sig

RIMSOT

Det finns kola, punsch, karameller och vin
Brännvin, choklad och mäskalin
Det finns mycket som hjälper mot letargi och griller
Såsom hypnos, grogg och en jävla massa piller
Jag prövade allt men ingenting dög
Tills en dag jag upptäckte att skriva bokstäver
det gjorde mig påtänd och hög
Och jag lärde mig då vad många tidigare vet
Den starkaste av droger är vårt eget alfabet
Så varje morgon tar jag nu fram min gamla Halda
Sätter ett papper i valsen och börjar att skalda
Det smattrar, det knattrar, det går som en dans
Mellan tangenter och fingrar uppstår snart resonans
Så jag lägger pannan i de djupa intellektuella vecken
Tjugoåtta bokstäver med skiljetecken
För det finns inget roligare på jorden
Än att med fingrarna få forma de olika orden
Jag skriver ord så vackra, så rara, så fina och sunda
Men också vidriga, fula, äckliga, och runda
Lätta och svåra och ord utan mening
Det är fin terapi och själens rening
Och snart skall jag litterära triumfer fira
Med verbalekvilibristiken börjar jag jonglera och lira
I tvetydigheter vill jag svira och frossa
Varje försök till måttfullhet önskar jag krossa
Så för att nu komma någon vart
Låter jag apart bli synonymt med apart
Och det är faktiskt riktigt lumpet
Att inte kunna skilja trumpet ifrån trumpet
Men osten är inte ystad din fåne
För Ystad är en stad i södra Skåne
Jag märker att mitt författarskap nu höjer sig över mängden
Min stora skaparkraft tar ut sin rätt i längden

Recensenterna kallar mig alfabetsspanare
En spännande avantgardistisk poesinydanare
Man kräver mer och mer, bugar och tackar
Jag fortsätter att skriva så svetten den lackar
Kämpar mig igenom pärs efter pärs
Vill helst sluta men manisk börjar jag på nästa vers
För sent upptäcker jag mitt beroende, det har blivit en last
I gravt ordmissbruk sitter jag nu fast
Texten framför ögonen är tät som en dimma
Kan inte sluta, måste fortsätta att rimma
Om jag mig inte i fördärvet ska stupa
Måste jag nog sluta att dikta, kanske börja röka och supa
Annars blir jag nog säkert kroniskt sjuk
Konsonantsot med vokalpest, både hård och mjuk
Så hjälp mig nu att ur detta ordhelvete ta mig ut
Tackar högre makter för nu tog färgbandet slut

INTE

Jag är inte
medlem eller knuten till

Jag tillhör inte
eller deltar i

Jag är bara mig själv och inte vi

Jag är bara inte
och så vill jag förbli

EN KASTLÖS

Han disputerade för filosofie doktorsgraden i latin
Blev högtidligen promoverad och docent
Fortsatte att forska och efter några år
Blev han förklarad professorskompetent
Av den klassiska bildningen och kulturen
Såg han sig som förmedlare och bärare
Men av skolstyrelsens ordförande blev han kallad
En vanlig sketen lärare

SYNPUNKTER

Om du är ekonomisk och skicklig och ej betalar skatt
Blir du kanske ej refuserad på DN debatt
Och om du stjäl eller knarkar och är grovt kriminell
Blir du nog intervjuad i TV någon kväll

FÖRKORTAT SPRÅK

Jag vet ett språk som talas
Fast grammatiken är ej rationell
stavningen något outvecklad
och syntaxen knappt professionell

Det språket saknar kompromisser
och är laddat med stringens
har ord som talar ifrån djupet
i texter som river och bränns

Det är det förkortade språket
En starkt komprimerad version
ett extrakt av tankar och böner
En symfoni i en enda ton

Det språkas inte så ofta
men förstås av alla någon gång
kan både sjungas och läsas
ett gränsfall mellan tal och sång
Det språket är lätt att lära
kräver bara fantasi
om du undrar vad det heter
så kallas det poesi

JAG SÄGER

Jag säger
Jag måste och jag förstår
Jag anser, jag lyssnar, jag ser och hör
Jag talar, jag läser, jag visar och bör
Jag vet, jag kan, jag stannar och står
Jag pratar, jag tiger, jag kommer och går
Jag äter, jag dricker, jag köper och äger
Jag skriver alltid i presens, precis som jag säger

JAG SKRIVER

Jag skriver som jag skriver
för jag kan bara skriva så
Och om du vill läsa
Läs en rad eller två
Men mig kvittar det lika
jag fortsätter skriva ändå

BINDANDE KONTRAKT

Då beslutet är fattat
står tiden stilla en sekund
När ordet till paragrafer blandas
känns luften tung och svår att andas

En viljeyttring - ett kontrakt
eller kanske en lösligt hopfogad pakt
Som sedan kan ändras efter behag
enligt vedertagen praxis och gällande lag

Men snart blir formerna mer stringenta
fast ännu en liten tid kan vi vänta
Innan vi ändå en dag tvingas sluta
bindande kontrakt i verba absoluta

Och då blir orden imperativa
alla eventualiteter definitiva
Sträng tolkning av texten i en dator
dock mildrad i utskrift av högre imperator

När avtalet är signerat
och namnteckning bevittnad
Ses ljuset vid horisonten randas
och luften blir klar och lätt att andas

RIDDARE AV ORDET

När TV annonserar att i kväll blir det debatt
Då har jag inga svårigheter att hålla mig för att skratt
Och när ni som på ett tecken med era trutar börjar slamra
Får jag en sådan lust att på er banka och hamra

När ni sitter kring runda och avlånga bord
Och pratar på svenska med engelska ord
Har ni glömt hur det på svenska ska heta
Ni uppblåsta självgoda dryga och feta

Ni skrattar och flabbar, ler inställsamt och sött
Jag får sura uppstötningar och ser lila och rött
Grodor och kräldjur ur käften på er hoppar
Ni halvbildade kvartsfigurer, ni klantskallar och stroppar

Vad menar ni med Gentleman of leisure, det språket mig stör
Vet ni inte att det bör översättas med flanör
En herre med bildning, stil, kultur, och vett
Men en sådan har ni aldrig träffat eller ens sett

Och varför svamlar ni om Public Service, dessa ord utan spänst
Lär er att det heter i allmänhetens tjänst
Och att höra er checka in i city, det är då själva fan
När ni ska bo på ett hotell som ligger mitt i stan

Och när ni är fit for det ena och kanske har feeling och lust
Ja fortsätt ni bara; vi ska ta oss en helvetesdust
Och om ni ska ut och göra stan by night en kväll
Så laddar jag nu upp för en riktig duell

För om jag hör er säga att biffen medium eller rare ska vara
Ber jag er genast att till ett varmare ställe fara

Och skulle ni komma på att säga ice cream i stället för en glass
Kallar jag er odugliga värdelösa och kass

För varför ska ni vårt vackra språk med engelska förvanska
Beror det möjligen på att ni inte kan tala franska
Ni säger ofta So long och See you later era fä
Byt spår nu och säg för omväxling Maintenant je m´en-vais

Och i stället för How are you, så säg hur står det till
Pröva nu enda gång Comment cela va-t-il
Eller varför inte Wie geht es ihnen so oder so
Det finns fler språk än engelska det måste ni förstå

Så höj er över mängden; bli filologer lingvister och polyglotta
Jag slipper då att ständigt verbalt på er bespotta
Och inte alltid bland intetsägande pejorativen behöva leta
När jag ska beskriva er ni uppblåsta, självgoda, lata och feta

HEDERLIG AFFÄR

Välkommen hit säger bildningen till makten
stig in du mäktige så ska vi mäta vad du tål
Du säger att din vilja är av järn; gott min är av stål
så du vet vad som väntar dig om du över tröskeln träder
men skynda på; du har allt för länge fått njuta friden
och bör nu förbereda dig för den allra sista striden

Storsint vill du bortse från makt och lagar
lika villkor i allt så långt vi vet
Första ronden; intellektuell kapacitet
sedan tar vi folkvett, omdöme och sunt förnuft
som man mot man skall vi kämpa med brio
välj vapen du lille på en och femtionio

Vill du dra blankvers, prosa eller kanske allitterera
Tyda teoretiska texter tydligt trankila
tolka teologiska teorier troligen teofila
Din bildning ifrågasatt -högst apokryfisk
av dina meriter har jag ännu ingenting sett
du har tidigare förlorat rond nummer ett

Nu byter vi ämne till anor, härkomst och börd
Dina dagars upphov, så högvälboren och stor
kallade de krönta och smorda för vän och käre bror
Och din Chère Mère pratade om Noblesse Oblige
med Pauvres Honteux på ett språk som är svårt att förstå
Nej jag ger upp; du vinner med lätthet rond nummer två

Nu står det lika; vi har vunnit var sin rond
och kampen måste fortsätta ända till slut
Öga mot öga ska vi möta den; sanningens iskalla minut
lögnen besegrad, för alltid begraven

Tvekar du ändå, tänk på att fanflykt är en skam
du av högre extraktion -du min vederdeloman

Försök bli inspirerad, ditt sköldebrev förpliktar
det är din skyldighet att kämpa i ditt anletes svett
men du ska inte bli lottlös -jag ger dig recett
Väljer du nya epåletter eller en pläterad staty
kanske ditt porträtt bland idel martialiska män
Kom ut till sista ronden nu -du mäktige lille vän

Gott; nu ges ingen pardon -eller båda måste stupa
så tänk efter nu -hur lyder ditt soldatmantra för dagen
Slagfält med avslitna ben och tarmarna utanför magen
eller ärofull sotsäng och Lit de Parade
Nu eller aldrig låt oss sätta allt vi har
det är nästan halva ronden kvar

Jaså du orkar inte -då tar vi remi och ett byte
tro mig, jag förstår dig -jag vet hur det känns
Hederlig affär: min eloquentia mot din antecedentia
Framtiden: hövligt dekorum och väpnad neutralitet
Men denna sista minut ska vi strida allt vi kan
för sedan har vi ju aldrig något mer att säga varann

I BIBLIOTEKETS LÄSESAL

På hyllorna står böcker i rader
Strängt förbjudet är högljutt tal
En andäktig stämning råder
i bibliotekets läsesal

Avskild från yttre världen
kan du ta del av vad som hänt
Eller välja bland digra volymer
med viktiga saker på pränt

Men om du villrådigt tvekar
Bibliotekarien kan göra dig klok
Kanske hon föreslår bibeln
en inkunabel och livsfarlig bok

Den handlar om folk i öken
och om budord som Herren skrev
till galater, kolosser och Filemon
och om han som godhet bedrev

Han gavs livet av ogift kvinna
Faderskapet ej fastställt än
Som lades på halm i en krubba
och uppvaktades av visaste män

Läs några sidor om honom
ty han förtjänar att bli känd
För det var för vårt eget bästa
som han en gång till jorden blev sänd

Ställ sedan tillbaka boken
och ta något annat av eget val
Det är svårt att inte bli bildad
i bibliotekets läsesal

VID SUOMUSSALMI OCH SALLA

Herr Josef Stalin han läste i bok
hur kamraterna i Norden led under tunga ok
Så han beslöt att befria dem ur kapitalismens fängelsehus
och lysa deras väg med kommunismens milda ljus

Han utrustar sin armé med vapen till att döda
samt lämplig litteratur för att deras sinnen glöda
Dikter av Pablo Neruda och Ilja Ehrenburg kunde gå an
men inte Trotskij eller Majakovskij och knappast Mandelstam

Hans raska soldater drog genast ut i fält
levde stärkande friluftsliv och bodde i tält
Och uppdraget var det enklaste generalerna sett
Att resa genom Finland till Atlanten på enkel biljett

Färden mot Norden den gick med bravur
Genom natursköna trakter, en sightseeingtur
I Suomussalmi och Salla de skulle byta tåg
Mot havet, mot havet stod sedan deras håg

Men vid Suomussalmi och Salla kom ingen över bron
den stora hären blev inringad av Finländsk bataljon
För här i dessa trakter gäller ej det axiom
att liten alltid är mindre än den största division

Vid Suomussalmi och Salla skrevs vår frihet i blod
med bombare och granater men utan några ord
Ty de som förde pennan hade aldrig Ehrenburg sett
men de visste att hantera mitraljös och bajonett

De var snälla och vänliga människor som ville sin broder allt väl
men för att de själva skulle få leva de måste skjuta honom ihjäl

I stället för att med honom på gästabud dela kött och bröd
tvingades de möta honom stupad, förvriden, stel, och död

Att kriga tyckte de var vansinnigt, galet, och på tok
för de kunde ju inte veta att Stalin läst i en bok
Och endast det kapitel som handlade om mord
men ingenting om folket som försvarade sin jord

Så om Josef Stalin bara läste boken till sitt slut
hade säkert mycket sett annorlunda ut
Då hade han lärt sig att skilja fiende ifrån vän
och många av hans landsmän hade kanske levat än

Vid Suomussalmi och Salla är nu allting som det var
nästan alla har rest hem men några stannade kvar
De ligger nu under träkors vid kanten av myr och sjö
och du får aldrig någonsin glömma; det var för din skull de
måste dö

VINDEN FRÅN GOBI

När det blåser i Gobi
är det kallt i Peking
luften från norr
med budskap från Sinkiang
drar fram över torget
mot Kejsarkanalen och skänker
sitt stoft till Gula Havet

Mao fryser i sin sarkofag
och hans leende stelnar i en grimas
över porten till den förbjudna staden
när han förstår
att vinden från Gobi
kan inga murar stoppa

MOTORVÄG

Motorväg du åttafiliga
rak och obeveklig går du
ut ur staden
och låter oss välja

Motorväg
du välsignade
som lyssnar
och befriar oss från tvekan
när du hämtar vid hotellet
och ger oss din asfalt
Från city till airport

Motorväg
du fyller våra sinnen
med dofter och ljud
upptar våra tankar och talar
lugnande till oss under färden
och när du lämnar av oss
vid utrikeshallen
har du jagat bort de sista av tvivel

Motorväg
när vi ser dig under oss
från en Boeing 747
vet vi att du räddat oss
ännu en gång

GANGES

Ganges
Du himmelska
Du heligaste av floder
Som krossar Himalaya
Och tar berget till dalen

Ganges
Du outsinliga
Som hyser de hemlösa
Mättar de hungriga
Och renar från synd

Ganges
Tiggarna tackar dig
När du slukar deras aska
Och låter dem uppstå
I ett risfält i Bengalen

Ganges
För miljoner en tanke
För miljarder ett liv

Ganges
Du är för alltid

PÅ HIMMELSKA FRIDENS TORG

Det gick så fort
när respiten var slut
En order- ett enda ord
och ordet det var-skjut!

och sedan var allting förbi
utan återvändo -utan amnesti

När stridsvagnarna slutat
var marken fylld av sorg
ett ord kan vara en order
på Himmelska Fridens Torg

VÄNERVALSEN

Donaus böljor och forsarnas brus
Besjungits i toner och ord
Men jag beskriver den vackraste sjö
Som finnes på vår jord

VÄNERN stora och vida
Sveriges innanhav
Segelbåtar glida
Nu och varje dag
Du har hissat segel
Jag vid rodret styr
Ut på öppna vatten och vårt äventyr

VÄNERN stor och vida
Sveriges innanhav
Sida invid sida
Vi simmar du och jag
Undersöker vikar
Går iland på skär
Solar oss på klippor. Vi vill stanna här

Och mot kvällen när vinden mojnat
Och solen i väster går ner
Lägger vi så om kursen
Och hemåt oss beger
Revar sedan segel
Gör ett sista slag
Innan vi kastar ankar i Kållands arkipelag

Och i nattens timmar med munnen mot din hals
Vaggas vi till sömns till Vänerns egen vals
Och när nattdimman sakta lättar
Och bort över fjärden flyr

Solen går upp i öster
Och nya dagen gryr
Då vi lättar ankar
Och tillsammans styr
Ut mot öppna vatten och nya äventyr

VÄNERN Du är allting
Mycket mer och mest
Att dig lära känna gör livet till en fest
Du har hemligheter men ett jag säkert vet
Att du tillhör alla nu och i evighet

FÖRFATTAREN

Lennart Lomander är född 1935 och uppvuxen i Trollhättan, Västergötland. Fil lic i molekylär biologi, lektor i naturvetenskap, kemi, och biologi.

Arbetade under största delen av sitt yrkesverksamma liv som gymnasielärare.

Gift med Kajsa f. Thorn från Bengtsfors i Dalsland. Paret bor sedan 1969 i Momossen i Götene kommun.

Lennarts fritidsintressen har framför allt varit jakt, fiske, skogsvård, biodling, litteratur, och språk. Under hela sitt vuxna liv har han fortlöpande skrivit texter; romaner, noveller, och dikter. I dikterna får läsaren möta hans tankar om hans uppväxt, vänner och bekanta, men även reflektioner om samtiden.

Lennart och Kajsa har tre vuxna döttrar och nio barnbarn.

UTGIVARNA

Kajsa Lomander, fil mag, adjunkt, sedan 1968 författarens hustru, utvecklade under 90-talet sin konstnärliga sida genom att måla. Inspiration hämtades från naturen och barnbarnen, vilket framgår av foton av några av hennes tavlor, som används som illustrationer i boken.

Andrea Lomander Cedergren, Civilingenjör i kemiteknik och Philosophie Doktor i Biological Resources Engineering, dotter till Lennart och Kajsa, har korrekturläst och redigerat texterna samt anpassat dem till utgivningsformatet.

Måns Cedergren, Andreas äldste son, har varit en ovärderlig hjälp när det gäller det datortekniska såsom vid inskanning av texterna från papperskopia till redigerbar datorfil.